LA
CLAVE

Sabias Alternativas Sobre
el Manejo Del Dinero
Para Adolescentes

Marjorie L. Anderson

Titulo original: *The Key, Wise Money Choices for Teens*
Copyright © Marjorie L. Anderson 2012
Editor de investigación y Consultor: Rachel Brownlow
Editor de Desarrollo: Brook C. Stoddard
Editor de copia, Diseño interior: Deborah Gabriel
Diseño de portada: Ross Carnes
Fotógrafo: Anne Throop

Traducción: Susan Violante - Book By Book Publicity

Copyright en español © Marjorie L. Anderson 2019, 2020, 2021.

Publicado por: I Have Something To Say Press
11900 Jollyville Rd. #201673
Austin, TX 78759
www.ihavesomethingtosaypress.com
admin@ihavesomethingtosaypress.com
1 (877) BOOKS-20
Libro impreso en USA

Distribución: Ingram Group
ISBN-13: 9780985430825

Contenido

PREFACIO

Dale a un hombre un pez, y el comerá por un día.
Enseña a un hombre a pescar, y el comerá su vida entera.

Proverbio Antiguo

El proverbio sobre el pez y pescar se aplica tanto en el dinero como en el alimento. La clave para obtener riqueza y libertad financiera es aprendizaje. La Biblia dice: "Un hombre bueno les deja una herencia a los hijos de sus hijos." Observa que no dice que un buen hombre les deja objetos tangibles o dinero.

Si le enseñas a tu familia cómo vivir y cómo manejar sus finanzas, ellos tendrán ese conocimiento durante toda su vida y sucesivamente lo pasarán a sus hijos y a los hijos de sus hijos.

Para poder descubrir totalmente lo necesario que es el material presentado en este libro, le hice una encuesta a 100 estudiantes de escuela media y liceo sobre el tema de finanzas sobre si les interesa o no aprender más acerca del manejo de dinero; e incluso si alguna vez han pedido dinero prestado o no.

5

Los resultados completos y resumidos de la encuesta se encuentran al final del libro. Les sugiero que tomen la encuesta a través de la internet en el sub- siguiente sitio web: www.challenge4teens.com.

Las siguientes son algunas citas tomadas de la encuesta que responden a la pregunta: "¿Por qué crees que es importante aprender los principios básicos del dinero durante la educación de secundaria?" Estos estudiantes, los cuales también incluyen a mis nietos, son el motivo por el cual decidí escribir este libro. Espero que tanto ellos, como los demás, aprendan los conceptos del manejo de dinero temprano y lleven estos principios consigo mismo a su vida de adulto.

Marjorie Anderson

"Es Importante saber cómo funciona el dinero ya sea tarde en la vida o iniciando su vida de adulto."
Zachary, escuela secundaria –júnior

"Aprender acerca del manejo de dinero es necesario para que los adolescentes tengamos una buena base en principios financieros desde el principio; y poder entrar en edad adulta con algún sentido de cómo ahorrar y establecer un presupuesto, y poder hacer nuestra vida más fácil."
Jasmine, escuela secundaria – segundo año

"Si se enseña en la juventud, se convierte en hábito."
Thomas, escuela media

"Aprender técnicas de manejo de dinero durante la adolescencia es importante porque muchas veces, ese aspecto de la vida se les pasa por alto a los adolescentes hasta que tienen que vivir por su cuenta, y aprenderlo de la manera difícil."
Nathan, escuela secundaria – segundo año

"Es mejor aprender el manejo de dinero cuando todavía eres joven y vives con tus padres para que cuando seas adulto, no se convierta en un problema."
Scarlette, escuela secundaria – primer año

"Porque prepara a los estudiantes para cuando vivan solos"
Travis, escuela secundaria superior – último año

"Para tener dinero para la gasolina, la universidad, y compras."
Sierra, escuela secundaria - júnior

"Porque al dejar la escuela secundaria uno comienza a vivir por su cuenta y podría afectar tu futura familia."
Gentry, escuela secundaria superior – último año

"Porque te ayudará a prosperar en la vida y enseñará a cómo utilizar tu dinero sabiamente."
Trey, escuela media

"Estas habilidades financieras son vitales para aprender a manejar un hogar cuando te conviertas en adulto."
Calvin, escuela secundaria – júnior

"Un conocimiento profundo sobre cómo funciona el dinero otorga un éxito sin límites para el futuro."
Reed, escuela secundaria superior – último año

vii

"Los adolescentes deberían aprender y desarrollar buenos hábitos en manejo de dinero antes de que se vayan por su cuenta. Esto es necesario para que puedan aprender cómo manejar el dinero antes de que se convierta en una necesidad."

Anna, escuela secundaria – segundo año

"El aprender los principios del manejo de dinero puede ayudarnos a ser exitosos en la vida y planificar para la universidad."

Cammie, escuela media

AGRADECIMIENTO

"Ningún hombre es una isla." Por consiguiente, este libro no hubiera podido ser llevado a cabo por completo sin la ayuda de muchos.

Primero y principalmente, gracias a Dios por poner en mi corazón el sentido de responsabilidad de llenar el vacío en la formación financiera de las generaciones futuras; y por Su orientación y dirección en dar fruto a este tan anhelado libro.

Gracias al difunto Dr. G. James Fleming, isleño nativo de las Islas Vírgenes y profesor de Ciencias Políticas de *Morgan State College*, Baltimore – Maryland, US; quien inculcó en mí hace 40 años el siguiente principio: "¡Siempre págate a ti misma primero!" ¡Es asombroso las cosas que uno recuerda! Ahora yo les paso esto a Uds. con una pequeña adición: "¡Denle a Dios Su parte y después, páguense a Uds. mismos!"

Estoy en deuda con más de 100 estudiantes de secundaria y escuela media o preparatoria, quienes expresaron interés y procuraron el tiempo para completar la encuesta; la cual se convirtió en la base de este libro. También les doy gracias a muchos padres que me concedieron el permiso para reproducir en imprenta estas citas, y a aquellos que me confesaron que necesitaban un libro como éste para sus adolescentes.

Gracias al pastor principal Rev. Debra Crumpton, pastor Carol Hoke, ministro de la juventud Rodnei Williams, y a el grupo de oración de WellSpring UMC, Georgetown – Texas por el impulso, asistencia y oraciones para la orientación del Espíritu Santo durante la finalización de este libro.

¡Aquello que desees cuando oras, cree que será recibido y lo tendrás!

San Marcos 11:24

Quiero dar le gracias a mis nietos, quienes me motivaron y retaron a escribir este libro; y quienes fueron la caja de resonancia en la compilación de la encuesta que resultó en el contenido agregado a éste.

Gracias a mi esposo Calvin, quien me impulsó, apoyó y me concedió el espacio necesario durante el tiempo que tomó juntar todas las piezas de este libro.

A todos los miembros jóvenes de mi grupo familiar, tomen este libro como mi consejo para cada uno de ustedes.

Gracias a las siguientes personas quienes compartieron sus ideas y ayudaron investigando sobre la materia: Claire Lacombe, Maestra de administración empresarial de escuela secundaria and Georgetown – Texas; y Bethni King, bibliotecaria juvenil de la Biblioteca Publica en Georgetown – Texas.

Por último, si bien no menos importante, a todos mis empleadores y asociados pasados: *The Virgin Island National Bank; The First Pennsylvania Bank; The Philadelphia savings Fund Society (PSFS); Women's Association for Women's Alternatives (WAWA); al New Jersey Development Authority for Minority & Women Owned Businesses; al New Jersey Economic Development Authority; Summit*

Bank; al U.S. Department of Commerce Minority Business Development Agency; al U.S. Department of Transportation; John Milligan & Co., LLC; and al Greater Philadelphia Minority Business Strategic Alliance; Gracias por darme la oportunidad de aprender, crecer, servir, y formarme en una ciudadana productiva, y por consiguiente capaz de dejar un legado para la próxima generación de adolecentes literatos en finanzas, empresariales, banqueros, educadores, inversionistas; y principalmente ciudadanos con integridad, respeto, honor, y buenos gestores de todo lo que Dios les ha puesto a su cargo.

Cómo Obtener
Más de las Lecciones

Al final de cada Sección de la lección encontrarás preguntas y ejercicios que te ayudaran a repasar y aplicar los principios sobre el manejo de dinero.

Si encuentras algún término que no comprendes, puedes revisar el Glosario al final del libro para leer su definición.

Una vez que hayas leído el libro y completado los ejercicios en cada capítulo, podrás evaluar los conocimientos obtenidos visitando el sitio: www.challenge4teens.com y tomar un examen. Debes pasar el examen para poder imprimir un Certificado de Finalización.

¡Completar y pasar el examen te certifica como Adolescente Literario en Finanzas! Ahora estás en camino de tomar decisiones acertadas de dinero que impactarán tu futuro.

Mensaje a los Padres

Puedes ayudar a tus hijos desarrollar principios financieros sólidos de la siguiente manera:

- Leyendo este libro y discutiéndolo con ellos

- Ayudándolos a elaborar y mantener un presupuesto

- Asistiéndolos a abrir una cuenta corriente o cuenta de ahorro

- Enseñándoles a ganarse el dinero que reciben de Uds. a través de tareas hogareñas

- Estimulándolos a tomar una clase de administración de dinero en la escuela si está disponible

- Insistiendo que ahorren y contribuyan con los gastos universitarios; aunque sea poca cantidad, van a apreciar más el camino hacia la educación.

- ¡Ayudándoles a asumir la responsabilidad de las decisiones financieras ahora; antes de que sea demasiado tarde!

A mis nietos: Calvin Lee, Jasmine, Kayla, Camille, y Kyle quienes me inspiraron a escribir este libro, logrando así mi mejor regalo para ellos.

Un buen hombre les deja una herencia
a los hijos de sus hijos.
Proverbios 13:22

Lección I: Finanzas

Entrena a un niño en el camino que debe seguir, y cuando
sea viejo no se apartará de él.

Proverbios 22:6

¿Qué es Finanza?

Es posible que ya has escuchado a los adultos hablar sobre finanzas, o asuntos financieros. Tal vez tienes un hermano(a) o un primo(a) mayor que se está matriculando en finanzas en la universidad. Cuando vez la televisión, probablemente vez comerciales de carros que hablan acerca de "0.9% financiamiento." Si no tienes idea de que están hablando, está bien. En un sentido amplio, "finanzas" es la ciencia de administrar el dinero.

Cuando se trata de finanzas, hay tres áreas generales: finanzas comerciales, finanzas personales y finanzas públicas. Paro el propósito de comprender los conceptos fundamentales de finanzas utiliza esta definición por ahora: Finanzas es cualquier cosa que tenga que ver con compra, gasto, préstamo, ahorro, inversión o donación de dinero.

Probablemente en esta etapa de tu vida, ya entiendes cómo ganar dinero. Puedes obtener trabajo, un adelanto de dinero de tus padres, regalos, y tal vez una herencia. (Más opciones se discutirán en la página 8: Como Conseguir Dinero.) La clave está en guardar el dinero para poder construir un capital substancial con el paso del tiempo.

Para estar al tanto de tus finanzas, necesitarás prestar atención a varios aspectos. Para comenzar, querrás planificar el manejo de tu dinero. ¿Qué quieres hacer con él? ¿Qué tiene importancia para ti? ¿Cuáles son tus principios?

Si deseas que tu dinero crezca, hay algunas cosas que puedes hacer. Existen cuentas bancarias de ahorro que ganan interés, es decir, un pequeño porcentaje de dinero extra sobre cualquier cantidad que se deposite. Si estás dispuesto a tomar un poco más de riesgo, puedes invertir tu dinero en acciones, una empresa, o un producto. Tus padres o tu banquero pueden ayudarte a tomar una decisión.

Para tener buenas finanzas, debe ser disciplinado. Si gastas el dinero tan pronto lo recibes, nunca lo verás crecer. Una buena manera de mantenerte disciplinado es recordando tu principal meta financiera. Esencialmente, debes "mantener tus ojos en el premio," y no gastar dinero en caprichos.

Cuando se trata de dinero, se debe desarrollar buenos hábitos. Si tienes un trabajo después de la escuela, puedes decidir guardar cierto porcentaje de tus ganancias cada vez que te paguen. Tener una rutina asegurará que siempre guardes dinero para el futuro. Básicamente, los *hábitos* son cualquier cosa que sea segunda naturaleza para ti, algo que haces diariamente. Si te acostumbras a hacer algo de cierta manera y con regularidad, eventualmente estarás en piloto automático.

Tomar el control de tus finanzas a una cuando eres joven es beneficioso porque te permite comenzar en pequeña escala. Si aprendes los principios y conceptos básicos con montos más pequeños de dinero ahora, te será más fácil manejar cantidades mayores de dinero cuando seas adulto. Sin mencionar que los principios de las buenas finanzas a menudo pueden traducirse en los principios de ser una buena persona en general. ¡Se trata de valores!

Preguntas y Ejercicios:

- **¿Eres gastador o ahorrador?**
- **Si tuvieras 100 dólares, ¿qué harías?**
- **¿Cuál es tu meta financiera primordial?**
- **¿Qué te gustaría saber sobre el manejo del dinero?**

¿Qué es el Dinero?

El dinero es un tema común en la discusión cotidiana. Algunos podrían contender que está al centro de todo lo que hacemos. Pero ¿qué es el dinero? Básicamente, el dinero es la moneda utilizada para adquirir bienes y servicios en un sistema de libre empresa.

Nuestro sistema económico utiliza el dinero para asistir el intercambio de bienes y servicios. Hace mucho tiempo, la gente hacia intercambios o trueques entre ellos. No tenían un pedazo de papel o metal estándar. En ese entonces, si querías comprar un poco de carne de otra persona, tenías que pagarle con otro producto como frijoles o una cobija que tú hiciste. En algunas culturas, ese sigue siendo el caso. Pero aquí en los Estados Unidos tenemos un sistema estándar de pago que incluye los billetes y monedas que llamamos "dinero."

****

Cada país tiene su propio tipo de dinero o "moneda." Puede ser que estés familiarizado con la "Libra Esterlina" británica y el "yen" japonés. Aunque cada país utiliza dinero distinto, todas las monedas se pueden convertir de una cultura a otra. Las tarifas cambian constantemente, pero en un momento dado 10 dólares estadounidenses pueden equivaler a 6 libras británicas.

****

En los Estados Unidos, el dinero que utilizamos estuvo respaldado una vez por oro o plata perteneciente al gobierno federal. Por cada dólar impreso, existía el equivalente valor del dólar en oro. Ese no es el caso hoy en día. Actualmente, no tenemos el oro y la plata que justifique cada dólar impreso.

En este país, y en muchos otros, el dinero es la fuerza que nos impulsa en la vida diaria. Se necesita dinero para comprar las cosas que necesitamos y queremos, y uno necesita buscar la manera de ganárselo. El dinero no aparece simplemente del aire (al menos para la mayoría de la gente); necesitamos medios para obtenerlo. La necesidad de ganar dinero es lo que nos motiva a trabajar y sostener trabajos. Algunas personas también necesitan dinero para pagar una deuda, ya sea un préstamo sobre la casa o el carro, los cargos de una tarjeta de crédito, o dinero adeudado a un amigo o pariente. En estos casos necesitan ganar dinero para que puedan cumplir con lo que deben.

Es importante comprender el concepto del dinero lo antes posible. Si comienzas ahora, es más probable que serás prudente con tu dinero como adulto.

Para algunos es más fácil pedirles dinero a sus padres; sin embargo, aprenderás facultades invaluables para la vida si tus padres te ayudan a apreciar el dinero. Comienza pidiéndole a tus padres una mensualidad, si todavía no te dan una, y piensa. ¿Qué significa ese dinero para ti y cómo quieres gastarlo? Podrías utilizar esos $20 para comprar pizza y sodas para ti y un amigo los viernes en la noche, o podrías guárdatelos unas semanas, meses o años, y comprarte algo realmente genial.

Preguntas y Ejercicios:

- ¿Prefieres comprar o trocar tu próximo almuerzo? ¿Por qué?
- Investiga. Descubre como se llama la moneda estándar en otros países distintos a los Estados Unidos. (Por ejemplo: La Libra británica).
- Enumera tres maneras posibles que podrías comenzar a ganar dinero en este momento.

¡Padres Intervengan!

En lugar de darles a sus hijos una asignación de dinero semanal, mensual o bimensual automáticamente; consideren desarrollar una lista de tareas y pagarles una comisión por las tareas que completen.

¿Cuál es el Propósito del Dinero?

Nada existe sin un propósito, ¿verdad? El dinero es muy importante en nuestra sociedad, y tiene diferentes propósitos en nuestras vidas.

Una vez que tengas en tus manos algunas de esas cosas verdes (*dólares*), hay distintos caminos que puedes tomar con ellos. Para tener gratificación instantánea, puedes gastarlos; o si tienes un plan a largo plazo, probablemente los guardarás o los invertirás. Si te sientes generoso, puedes regalarlos – ya sea a una organización de caridad, directamente a una familia o, individuo. ¡Vamos a desglosar esto!

Gasto

Existen muchas razones para gastar dinero. No hay mucho que venga gratis hoy en día, así que lo más seguro es que vas a gastar algo de dinero. Lo puedes utilizar para comprar bienes o servicios. Tal vez hay un juego electrónico que te mueres por jugar o tal vez necesitas desesperadamente un corte de pelo.

En algunos casos, puedes gastar dinero para pagar algo que ya has recibido. Puede ser que no tengas muchos billetes a tu edad, pero es bueno aprender sobre ellos de todas maneras. Tal vez tus padres requieran que pagues por el servicio de mensajes de texto en tu teléfono celular. Generalmente, en cosas como la factura del teléfono te permiten pagar después de utilizar el servicio.

Toma un minuto para mirar a tu alrededor. Casi todo lo que ves requiere dinero para obtenerlo. Incluso si no lo compraste tú mismo y tus padres o alguien más lo hizo. Ellos pagan la electricidad en tu casa, la casa, tu ropa, comida, y hasta tu cepillo de dientes. En fin, toma dinero producir y distribuir todos los productos y artefactos que utilizas en tu vida diaria.

****

La próxima vez que vayas a comprar las cosas que utilizas diariamente, lee las etiquetas de los productos, observa donde fueron elaborados y pide productos similares producidos en tu país. Al comprar productos hechos en tu país, ayudarás a proveer empleos en la región o estado donde vives.

****

Ahorro e Inversiones

Si no quieres o necesitas gastar el dinero inmediatamente, es probable que considerarás ahorrarlo o invertirlo. A tu edad tienes mucha libertad cuando se trata de tu efectivo, por lo que puedes hacer un plan a largo plazo. Tal vez obtendrás tu licencia de manejar en unos años. Si sabes que tus padres no te comprarán un automóvil y no soportas la idea de salir con tu novia o novio en la camioneta familiar, puedes considerar ahorrar tu dinero para comprar tu propio vehículo. O tal vez eres un senior en la escuela secundaria. ¡El baile de graduación está a la vuelta de la esquina y las limusinas y ramilletes de flores no son gratis!

Abrir una cuenta de ahorro en el banco; aun cuando eres menor de 18 años es fácil. Nada más necesitas que uno de tus padres firme o genere abra la cuenta contigo.

Si te gustaría probar tu suerte en la inversión, tienes el potencial de hacer que tu dinero crezca aún más. Implica riesgo, pero si tienes un adulto que te ayude a tomar las decisiones correctas, puedes ganar mucho. Cuando in- viertes, esencialmente estas prestando tu dinero a un individuo, grupo, compañía, o Institución financiera. Cuan- do la otra parte gana dinero, tú también ganas.

****

Tal vez un amigo(a) está iniciando una pequeña empresa y necesita un poco de capital inicial. Si inviertes dinero con su compañía, apostando a su favor, obtendrás un porcentaje de las ganancias si la compañía crece.

****

Obsequios o Donaciones

Obsequiar o donar tu dinero muchas veces puede ser una experiencia gratificante y enternecedora. Hay tantas causas y organizaciones que hacen cosas maravillosas con dinero donado.

Piensa acerca de lo que te apasiona y ayuda a esa causa. Si amas a los animales podrías considerar donarle a ASP- CA *(American Society for the Prevention of Cruelty to Animals)* o *The Humane Society*. Esta última utiliza el dinero donado para rescatar mascotas que han sido abusadas o abandonadas. Las iglesias también promueven muchas causas merecedoras, como ayudar a alimentar, vestir y proveer refugio a los pobres en donde vives y en el extranjero.

Si prefieres ver los resultados de tu donación de forma más directa, podrías ayudar a una familia de tu propia comunidad o miembros de tu iglesia que realmente necesiten dinero para mantener la calefacción durante el invierno. La verdad es que casi siempre habrá alguien que necesite dinero más que tú.

Preguntas y Ejercicios

- Todo requiere dinero para realizar. Toma un mo- mento para considerar algunas de las cosas que utilizas y ves todos los días. ¿Cuánto crees que cuestan?
- ¿Existe algo verdaderamente gratis? ¿Por qué si o por qué no?
- Investiga un poco. Nombra dos organizaciones a las que quizás quieras contribuir con tu dinero en el futuro. ¿Qué causa apoyan?

Como Obtener Dinero

La tierra es del Señor y todo lo que hay en ella, el mundo y todos los que viven en ella.

Salmo 24: 1

Inclusive a tu edad, te debes estar preguntando: "¿Cómo se adquiere dinero?" Te encuentras en un punto en el que quieres comprarte ciertas cosas que tu mamá y papá no quieren pagar con su dinero. O, tal vez, ya sabes que tendrás que contribuir financieramente cuando llegue el momento de que vayas a la universidad.

En nuestro sistema de libre empresa, hay muchas formas legales de ganar dinero. El reto es ser prudente con el dinero que ganas para que, con el tiempo, puedas hacerlo crecer. Esta sección explora todos distintos caminos que puedes seguir para ganar dinero.

Los métodos para ganar dinero incluyen:

- Trabajar como empleado
- Ser dueño de tu propio negocio (emprendimiento)
- Herencia
- Recibir regalos
- Préstamo
- Ganar la lotería
- Ganar un concurso
- Encontrar dinero

Trabajar como empleado

Trabajar como empleado es probablemente la opción más común. Sin embargo, no hay muchos empleadores que te contratarían a tu edad. Puede ser que tengas que esperar unos años para poder trabajar legalmente en ciertos trabajos, pero por ahora puedes intentar trabajos como cuidar niños, o cortar el césped de tus vecinos. Pregúntales a tus padres si sus amigos podrían utilizar tus servicios.

Ser dueño de tu propio negocio (emprendimiento)

Este requerirá de una planificación minuciosa y mucha reflexión, pero se podría convertir en algo más grande algún día. Quizás puedas transformar el trabajo de cuidar niños o cortar el césped en una empresa completa. Involucra a tus amigos y comienza tu negocio de servicio completo. Si tú eres el que les consigues los trabajos a ellos podrías recibir una parte de lo que ganan, y ofrecerles también incentivos para que ellos mismos se consigan sus trabajos.

Herencia

Heredar dinero puede no siempre ser una posibilidad para todos; pero si te sucede, asegúrate de ser prudente sobre lo que haces con ese dinero. No lo gastes todo de una vez. Analiza tus opciones y ahórralo para que puedas hacerlo crecer.

Recibir regalos

Al igual que las herencias, también es importante ser prudente con los obsequios monetarios. Tal vez tu abuela te envía $20 cada cumpleaños. Piensa poner la mitad (¡o más!) en una cuenta de ahorro. ¡Si recibes múltiples regalos de otros amigos y familiares, esos ahorros aumentarán rápidamente!

Préstamo

Si absolutamente necesitas dinero inmediato, puedes pedirlo prestado. En este momento tu única opción puede ser pedir prestado a un familiar o amigo; pero cuando crezcas, puedes encontrarte pidiendo un préstamo bancario. Cuando lo hagas, pagarás el préstamo en incrementos, usualmente con cierta cantidad de intereses – dinero extra que pagas por el privilegio de utilizar el capital del banco.

Ganar la lotería

Ganar la lotería es algo que es muy poco probable que suceda, pero siempre existe la posibilidad. Algunas personas han ganado millones de esta manera, pero son más los que han botado miles tratando de ganar.

Una sugerencia es no involucrarse en juegos de azar o incluso loterías como una forma de entretenimiento, porque acciones se convierten en hábitos, ¡y estos no son hábitos que no queremos desarrollar!

****

Asegúrate de verificar las restricciones de edad de tu esta- do antes de jugar la lotería.

****

Ganar un concurso

Hay muchas formas de ganar dinero sin tener que

gastar nada. Escucharás acerca de todos los diferentes tipos de sorteos o juegos con premios instantáneos como el juego de Monopolio en McDonald's. Probablemente también has visto gente ganar una gran cantidad de dinero en programas de juegos de televisión. De nuevo, esto es suerte más que nada, y generalmente es raro ganar (¡aparte del Big Mac gratis!)

Encontrar dinero

Posiblemente ya te haya sucedido esto. ¿Alguna vez has estado caminando por la acera y has visto $20 en   el suelo? Esa siempre es una sorpresa agradable. Pero esta situación puede venir acompañada de decisiones morales difíciles. Si encuentras dinero exclusivamente, probablemente está bien conservarlo; pero si consigues una billetera o bolsa con efectivo, deberías llevarla a la estación de la policía local para ver si alguien la reclama. Sin embargo, si nadie la reclama después de que pase cierta cantidad de tiempo, ¡generalmente te la puedes quedar!

Preguntas y Ejercicios:

¿Piensas que es sabio jugar a la Lotería? ¿Por qué o Por qué no?

Piensa en alguien especial de tu vida. ¿Qué quisieras dar- le y cuanto piensas que costaría?

¿Alguna vez has encontrado dinero en el piso? ¿Cuanto? ¿Qué hiciste con él?

Lección II:

Administración de Dinero

No seas el hombre que golpea las manos en promesa o pone propiedades como garantía de deudas; si te falta los medios de pago tu propia cama te será arrebatada.

Proverbios 22:26-27

¿Por qué Administrar tu Dinero?

En esta etapa de tu vida puede parecer que no te es necesario administrar tu dinero. Probablemente no tienes una gran cantidad de dinero o cualquier gasto real. Pero aun así es importante crear el hábito de mantener un seguimiento de tu dinero ahora. Si tú puedes comprenderlo cuando eres joven estarás mucho mejor cuando crezcas y estés por tu cuenta en el mundo real.

Por un lado, administrar el dinero es una disciplina. Vas a tener que administrar tu dinero, o terminarás endeudado. Si no mantienes tus finanzas en la mira, vas a gastar lo que no tienes. Por eso es importante elaborar un presupuesto. (Ver página 17 – La Importancia de Crear un Presupuesto, y página 19 – Crear un Presupuesto Mensual, para más información sobre Presupuesto).

Cada vez que saques dinero de tu cuenta del banco ya sea del cajero automático o de la taquilla, tienes la oportunidad de obtener un saldo de la cuenta impreso. Este te dirá exactamente cuánto dinero hay en tu cuenta. Eres especialmente afortunado(a) de estar creciendo en esta época en donde toda la información de tu cuenta es accesible a través de la internet. Ni siquiera necesitas cambiarte el pijama o salir de tu casa para ver toda la actividad en tu cuenta. Tu saldo y todas tus compras, retiros y depósitos estarán justo frente a ti en la pantalla de tu computadora. Sin embargo, aún debes mantener registros manuales de la actividad de tu cuenta en caso de que haya errores del banco.

****

Si no mantienes un presupuesto no sabrás lo que tienes. El presupuesto también te ayuda a administrar tu dinero para que no gastes de más. Si tienes ciertos gastos mensuales y un monto específico de dinero ingresando cada mes, debes contabilizar eso en tu presupuesto. No puedes gastar más de lo que ganas porque eso es lo que te hará endeudar.

****

Algunas personas utilizan tarjetas de crédito para compensar la diferencia del dinero que tienen y el dinero que quieren o necesitan gastar. Las tarjetas de crédito facilitan endeudamiento porque es fácil perder la noción de tus gastos. Cuando realizas una compra con una tarjeta de crédito, estás pidiendo prestado el dinero a la compañía de la tarjeta de crédito. No es "dinero gratis" como algunas personas creen. Tendrás que devolverlo eventualmente.

Además, si no lo devuelves dentro del mes, te cobrarán intereses. Interés es lo que la compañía de tarjeta de crédito te cobra por el privilegio de utilizar su dinero. Está basado en un porcentaje del dinero que gastaste.

Por ejemplo, Si gastas $100.00 y tu tasa de interés es del 11%, tendrás que pagar $111.00. Así que las cosas que compras terminarán costándote más a largo plazo. Es más económico y sabio esperar a tener el dinero en efectivo ahorrado para comprarte cosas.

A veces puede ser complicado administrar tu dinero, pero si puedes disciplinarte y tener buenos hábitos, te acostumbrarás. Con tantas corrientes y modas que van y vienen, y la presión de "ser como los demás", puede ser tentador gastar tu dinero de una vez. Pero si puedes superar el encanto e ilusión, y puedes pensar en lo que realmente quieres en el futuro estarás mucho mejor.

En la próxima sección aprenderás la clave de la administración del dinero: crear un presupuesto que se ajusta a tus necesidades.

Preguntas y Respuestas

- Digamos que comprastes un DVD por $22.00 a un interés del 10%, cargastes el monto en tu tarjeta de crédito y no pagastes el monto en su totalidad cuando venció la factura de la tarjeta de crédito. ¿Cuánto deberías en interés?
- ¿Crees que es aconsejable hacer un seguimiento de tus recibos? ¿Por qué o por qué no?
- ¿Tienes una cuenta de ahorro? En caso afirmativo, ¿Cuántos años tenías cuando la abristes? En caso negativo, ¿Te gustaría abrir una cuenta de ahorro?

La Importancia de Crear un Presupuesto

Crear un presupuesto es posiblemente la mayor clave para seguir a flote financieramente. Por un lado, crear y mantener un presupuesto requiere disciplina en el manejo de dinero. Vas a tener que administrar tu dinero, o quedarás endeudado. Si no das un paso atrás y observas cuánto tienes y cuánto estás gastando, lo más probable es que gastes lo que no tienes.

¿Cómo puedes crear un presupuesto? ¿Por dónde puedes comenzar? Puedes empezar sumando todo el dinero que recibes durante el mes. Si tienes más de un solo trabajo o tus padres te regalan dinero o mesada, tendrás que agregar a la suma todo eso. Ese resultado es el monto total que puedes gastar en el mes sin endeudarte.

A continuación, debes detallar todos tus gastos del mes. Si tienes edad para manejar, probablemente tendrás gastos de gasolina. Cuando seas un poco mayor, lo más probable es que tengas que pagar renta, así como servicios públicos como electricidad y agua. Piensa en todas las cosas en las que gastas dinero y enúmeralas en una lista. Puedes incluir gastos recreativos como salir a comer pizza con tus amigos o también ir al cine.

Calcula cuánto gastas en cada una de esas cosas por mes. Si el total de todos esos gastos suman un monto menor del monto que ganas cada mes, ¡Estás en el camino correcto! Si suman más de lo que ganas, estás en problemas. En este caso, deberás reducir algunas de tus actividades mensuales para balancear el presupuesto.

Sin embargo, no deberías necesariamente gastar todo el dinero que ganas mensualmente. Crea sobres para cada mes. Es aconsejable ahorrar un poco y guardarlo. Tal vez puedas reducir las veces que sales a comer pizza y guardar el dinero que gastarías para cuando realmente lo necesites. Por ejemplo, podrías utilizar ese dinero algún día para comprar algo que realmente quieres, o para una emergencia como un caucho pinchado o para reparaciones de tu bicicleta o patineta.

****

Digamos que Ryan gana $350.00 mensualmente después de la escuela en tu trabajo. Sus padres también le dan una mesada de $20.00 semanal. La cual suma un monto mensual de $80.00. Tiene un total de $430.00 que puede gastar cada mes. Si él gasta $100.00 en gasolina, $100 en ir al cine y $50.00 en salir a comer pizza con sus amigos; él está gastando un total de $250.00. Le quedan $180.00 de *sobra, el cual podría ahorrar, gastar en algo para el mismo, o tal vez comprar un regalo a un amigo o familiar.*

****

Tal vez quieras considerar *el sistema de sobres* para ayudarte a presupuestar tu dinero. Crea varios sobres para cada gasto – entretenimiento o recreación, ropa, gasolina, etc. Reserva una cantidad específica de dinero en cada sobre y no gastes más de lo que tienes en cada sobre. A veces el tener el efectivo físicamente a la mano te ayuda a visualizar cuánto estás gastando en realidad.

Algo que de verdad deberías de evitar es utilizar tarjetas de crédito para hacer compras que no sean una emergencia. Mucha gente ve las tarjetas de crédito como dinero gratis, pero en realidad son todo lo contrario. Si no pagas la factura de la tarjeta de crédito antes de su vencimiento, la compañía de la tarjeta de crédito te cobrará intereses por las compras que realizaste. Esto significa que por cada dólar que gastas, tendrás que devolver un porcentaje mayor del monto que gastaste inicialmente. Además, estás gastando dinero que no tienes. Si continúas haciendo eso a largo plazo, la carga de la deuda acumulada puede ser muy difícil de superar.

Presupuestar tu dinero te ahorrará mucho estrés y molestias a largo plazo. Como indiqué anteriormente, si te acostumbras a trabajar con un presupuesto ahora, estarás mucho mejor cuando seas mayor. Comprender como administrar el dinero cuando eres joven te preparará mejor para la edad adulta y te ayudará a tomar mejores decisiones en la forma en que gastas tu dinero.

- ¿Por qué es tan importante crear un presupuesto?
- ¿Piensas que abrir una cuenta de tarjeta de crédito es una buena idea?
- Calcula cuánto dinero ganas al mes. ¿Es probable que ganes la misma cantidad el próximo mes?

Crear un presupuesto mensual

Cuando se trata de administrar tu dinero, generar una hoja presupuestaria es la siguiente cosa más importante para tener un presupuesto, porque no siempre es suficiente tener un presupuesto en tu cabeza. Tener un presupuesto en papel te ayudará a seguirlo. Cuando puedes ver todo frente a ti, se convierte en un elemento más real y riguroso en tu vida.

Puedes personalizar una hoja presupuestaria poniéndola en un formato que se adapte a tus hábitos y estilo. Tal vez tener una del tamaño de un poster en tu pared te servirá como un constante recordatorio de lo que puedes gastar; o quizás ponerlo en un libro de bolsillo te permitirá llevarlo donde quiera que vayas.

Aquí está un ejemplo de una hoja presupuestaria:

Hoja Presupuestaria de Sam

Ingreso Mensual	$	Notas
Sueldo	$1,000.00	
Regalos en Efectivo	$50.00	Dinero de abuela por mi cumpleaños
Otro	$200.00	Premio del concurso de poesía
TOTAL	**$1,250.00**	

Gastos Mensuales		Notas
Nota del automóvil	$100.00	Papá paga la mitad
Seguro del automóvil	$100.00	En la póliza de mis padres
Gasolina, Peajes, estacionamiento	$50.00	
Mantenimiento del automóvil (cambio de aceite, etc.)		Ninguno este mes
Reparaciones del automóvil		ninguno
Matricula del automóvil / tarifas de inspección (anual / 12)	$17.00	
Aseo personal (corte de pelo, uñas, etc.)	$10.00	
Ropa/compras/cosas personales	$100.00	necesitaba zapatos de tenis nuevos
Servicio de lavandería / Tintorería (lavado en seco)		La ropa se lava en casa

Entretenimiento (películas, snacks, compras en la *ti*enda)	$50.00	
Teléfono Celular	$10.00	
Misceláneos (suministros escolares)	$25.00	
Caridad (iglesia o donaciones especiales)	$30.00	
Regalos para otros	$50.00	Regalo de cumpleaños para Mamá
Ahorros (fondo universitario / o inversiones futuras)	$300.00	
Tarjeta de Crédito (Interés /capital)	$0.00	No deberías de tener una tarjeta de crédito al menos que puedas devolver el balance completo cada mes. Elije u*ti*lizar una tarjeta de débito, en su lugar.
TOTAL	$842.00	
INGRESO	$1,250.00	
GASTOS	$842.00	
DIFERENCIA	$408.00	

Es importante tener en cuenta la diferencia entre tus ingresos y tus gastos. Cuando ganas más de lo que gastas, tienes un flujo de caja o efectivo, positivo. En otras palabras, la diferencia entre tu ingreso y gastos es tu *su-*

perávit, o ganancia. Tu ingreso y gastos deben ser iguales o balanceados. Pero es mejor aún si te queda dinero después de considerar todos los gastos. Nunca se sabe cuándo puedas necesitar un poco más de dinero para casos de emergencia.

Cuando tus gastos exceden tus ingresos, tienes un flujo de caja o efectivo, negativo. La diferencia negativa entre tu ingreso y tus gastos es tu *déficit.* Si estás gastando más de lo que ganas tendrás que excavar en tus ahorros para cubrirlo todo. Esto no es un buen hábito, porque una vez que se agoten tus ahorros comenzarás a endeudarte. Debes encontrar una manera de volver a equilibrar ambos. Una forma de hacerlo es reducir algunos de los gastos que no son necesarios, por ejemplo: comprar ropa, entretenimiento, arreglo personal y obsequio para otros.

Crear una hoja de presupuestaria es una excelente manera de mantenerte consciente y sincero acerca de la administración de tu dinero. Seguir y estar al tanto de ingreso y gastos te dará la seguridad de que estás viviendo dentro de tus posibilidades.

Preguntas y Ejercicios

- Completa la siguiente hoja presupuestaria mensual. Asegúrate de anotar cada uno de tus distintos medios de ganar dinero y cada gasto que incurriste durante el último mes.

Hoja Presupuestaria Mensual		
Ingreso Mensual	**$**	**Notas**
Sueldo		
Regalos en Efectivo		
Otro		
TOTAL		
Gastos Mensuales		**Notas**
Nota del automóvil		
Seguro del automóvil		
Gasolina, Peajes, estaciona-miento		
Mantenimiento del automóvil (cambio de aceite, etc.)		
Reparaciones del automóvil		
Matricula del automóvil / tari-fas de inspección		
(anual / 12)		
Aseo personal (corte de pelo, uñas, etc.)		
Ropa/compras/cosas perso-nales		
Servicio de lavandería / Tin-torería (lavado en seco)		
Entretenimiento (películas, snacks, compras en la tienda)		
Teléfono Celular		
Misceláneos (suministros escolares)		

Caridad (iglesia o donaciones especiales)		
Regalos para otros		
Ahorros (fondo universitario / o inversiones futuras)		
Otro		
Tarjeta de Crédito (Interés / capital)		No deberías de tener una tarjeta de crédito al menos que puedas devolver el balance completo cada mes. Elije utilizar una tarjeta de débito, en su lugar.
TOTAL		
INGRESO		
GASTOS		
DIFERENCIA		

Estado Financiero Personal vs. Hoja Presupuestaria

Un estado financiero personal es una excelente herramienta para visualizar tu "valor" monetariamente. Este es diferente de la hoja presupuestaria, la cual ya hemos discutido. Una hoja presupuestaria trata con la administración del dinero a corto plazo; usualmente un mes a la vez. Muestra la cantidad de dinero que estás depositando y la cantidad que estás gastando. En cambio, un estado financiero personal detalla todos tus bienes (por ejemplo: efectivo, acciones, bonos, propiedades, joyas, etc.). La diferencia entre tus bienes y tus deudas se conoce como tu *valor neto*.

Ejemplo de un Estado Financiero Personal:

Estado Financiero Personal de Max	Fecha: Septiembre, 30, 2012
Activos (Bienes)	
Cuenta Corriente (cuenta de cheques)	$1,200.00
Cuenta de Ahorros	$3,000.00
Automóvil (valor depreciado)	$9,000.00
Computadora (valor depreciado)	$500.00
Joyas	$500.00
Total, Activos (Bienes)	**$14,200.00**
Pasivo (Deuda)	
Nota del automóvil (balance)	$4,000.00
Dinero prestado de familiares o amigos	$1,000.00
¡No Tarjetas de Crédito!	
Total, Pasivo (deuda)	**$5,000.00**
Valor Neto	**$9,200.00**

El valor neto es la diferencia entre tus bienes (activo) y tu deuda (pasivo). También puedes determinar este número restando la deuda total de monto total de dinero que tienes en el banco y el valor de los artículos grandes que poseas.

41

¡Tal vez has escuchado decir, "El vale $10 millones de dólares!" en el ejemplo anterior Max vale $9,200.00.

Cuando tus bienes exceden tu deuda, tienes un valor neto positivo. Una meta adecuada es tener el doble de bienes sobre la deuda.

Sin embargo, si tu deuda excede tus bienes, tienes un valor neto negativo. Si la persona del ejemplo tomara un préstamo adicional de $10,000.00, esa persona bajaría a un valor neto de (-$800.00).

Para poder mejorar un valor neto negativo, tienes que pagar o reducir tu deuda. Debes pensar en maneras de ahorrar dinero cada mes para que puedas comenzar a pagar un porcentaje más alto de tu deuda mensualmente. Preparar un presupuesto que te deje más dinero de sobra al final del mes. ¡Aquí es donde la hoja de presupuesto puede ser útil!

Visualizar cuánto dinero ganas versus cuánto dinero gastas cada mes realmente cambiará tu perspectiva sobre tu estilo de vida y forma de gastar. El sumar todos tus gastos, incluyendo entretenimiento y compras innecesarias puede ser una gran revelación si nunca le habías prestado atención. Cuando te des cuenta de cuánto estás gastando realmente cada mes, puede ser que sientas la necesidad de reducir un poco tus gastos.

****

Reducir la cantidad de lo que gastas en entretenimiento o recreación cada mes es una de las mejores maneras de ahorrar dinero y comenzar a mejorar tu flujo de efectivo. Tal vez puedas cocinar tu cena en casa más a

menudo para gastar menos yendo a restau-
rantes. Considera alquilar películas en lugar
de ir al cine. Por lo general, puedes alquilar
una película por $1.00 por noche, y (con el
permiso de tus padres), puedes invitar a tan-
tas personas como quepan en tu sala para
verla contigo. Actualmente, las entradas del
cine pueden costar entre $10.00 y $16.00 por
persona.

****

Conocer tu valor neto, reflejado en tu estado financiero personal, puede ser muy útil e importante. Pero utilizar una hoja presupuestaria mensual te ayudará a desarro- llar diciplina, reducir gastos, mejorar tu flujo de efectivo, y construir tu valor neto.

Preguntas y Ejercicios

- **¿Cuál es la diferencia entre un estado financiero personal y una hoja presupuestaria?**
- **Utilizando el ejemplo de esta lección como guía, crea un estado financiero personal. En doce meses crea otro estado financiero personal y compáralo con el primero.**

Lección III:
Responsabilidad personal

Recuerda las palabras de nuestro Señor Jesús, como dijo:
"Más bienaventurado el dar que recibir."

Hechos 20:35

Con el dinero viene una gran responsabilidad. Una vez que el efectivo este en tus manos lo que haces con él, depende de ti. Desafortunadamente, una vez que la tarjeta de crédito está en tus manos, también depende de ti lo que haces con ella. Si eres prudente y evitas el gastar dinero prestado, al menos que realmente sea necesario, es probable que no tengas ningún problema. Pero si no te controlas te puedes encontrar en una montaña de deudas y con muchos problemas. Aun sin tarjeta de crédito, puedes encontrarte en problemas. Se trata de tomar decisiones sensatas sobre el manejo del dinero.

Nuestra cultura nos ha lavado el cerebro para gastar lo que no tenemos y comprar lo que no necesitamos. Esto se observa en el comportamiento de las compañías de tarjetas de crédito que incitan a adolescentes a solicitar tarjetas de crédito a tasas de interés excesivas, a través de "regalos y baratijas." No es raro ver tasas de interés altas como 18 por ciento o más. Puedes decir: "Todo el mundo está haciendo esto. ¡Así es como funciona nuestra cultura! ¿Así que cual es el problema?" Bueno, hay consecuencias para este comportamiento incontrolado y el gasto imprudente de dinero que aún no has ganado.

Tal vez como adolescente no piensas como te puede afectar el estar endeudado en el futuro. Los errores de gasto que cometes ahora pueden hacer que sea difícil, si no imposible, obtener un préstamo o hipoteca más adelante en la vida. Es muy fácil comprar ese par de jeans o zapatos nuevos sin pensar en si puedes permitírtelo o no, simplemente porque tienes una tarjeta de plástico a tu disposición. ¿Pero esos zapatos súper modernos realmente valen la posibilidad de nunca poder tener una casa?

Tu podrás ser joven, pero nunca es muy temprano para pensar sobre lo que quieres hacer más tarde en tu vida. Para la mayoría de las personas, una buena señal de éxito en la vida es ser dueño de una casa. Sin embargo, si arruinaste tu crédito desde el principio, tu posibilidad de obtener una hipoteca, especialmente una con una tasa de interés decente, será menor.

****

Además, es importante mantener el control sobre como gastas tu dinero, aun cuando si no tienes una tarjeta de crédito. Piensa en lo que vas a comprar antes de comprarlo, incluso cuando utilices efectivo. ¿Puedes guardar ese efectivo? ¿De veras tienes que gastar $100 cuando podrías gastar menos en una versión más económica?

Lo mejor es verificar dos o tres tiendas y comparar precios. Puede ser que una tienda tenga la misma cosa en rebaja, pero si tú no verificas y comparas podrías gastar más por el mismo producto. ¿Están cubiertas todas tus facturas del mes, aun cuando compres ese artículo?

****

Si tu nombre está en esa tarjeta o el dinero prestado está en tu cuenta bancaria, la decisión de cómo lo utilizas es tuya. Debes de ser tu propio guía y practicar auto control. Toma responsabilidad por tus acciones, especialmente cuando se trata de gastar dinero.

Si te encuentras endeudado en algún momento, no tienes a nadie más que culpar, sino a ti mismo. Piensa en eso la próxima vez que "debas tener" ese par de jeans o ese reproductor de mp3. El punto principal es, si no tiene el efectivo en el momento, no puedes pagarlo y no deberías comprarlo. Puede ser que sientas gratificación instantánea después de comprarlo, pero las consecuencias podrían acosarte en los próximos años. Poseer los últimos artefactos o la ropa más moderna realmente no vale la pena cuando miras el panorama general.

Preguntas y Ejercicios:

- Es extremadamente sabio reservar el uso de la tarjeta de crédito solo para emergencias. ¿Qué situaciones considerarías como emergencias?
- ¿Qué consideras un precio razonable para un par de jeans? ¿Un par de zapatos? ¿Qué piensan tus amigos? ¿Tus padres?
- ¿Cuáles son las razones primordiales de por qué debes asegurarte una buena historia de crédito?

Filantropía y Restitución a la Comunidad

Una vez que llegas al punto donde has ahorrado dinero, puede ser gratificante el gastar un poco alguien que no sea tú mismo. Restituir bienestar a la comunidad o tu iglesia a través de donaciones y ayudar a otros que necesitan el dinero más que tu no es solamente una manera excelente de demostrar tu compasión, también te hará sentirte de manera maravillosa por dentro. Dar es también un principio de la Biblia.

Piensa en algunas causas que te pueden interesar particularmente. Tal vez tienes un amigo(a) o pariente que sufre de alguna condición o enfermedad. Piensa en el hecho de que hay adolescentes como tú que no tienen las necesidades básicas que tu disfrutas. Necesitan comida, ropa, o refugio. Podrías dar dinero a organizaciones de caridad que representan algunas de estas causas y que utilizaran tu dinero para ayudar a aliviar el problema.

No tienes que donar necesariamente dinero. Puedes donar tu tiempo como voluntario o donar artículos, especialmente ropa, que no necesites pero que se encuentren en buenas condiciones. Existen grandes oportunidades de voluntariado para adolescentes que pueden ser tanto una experiencia de aprendizaje como buenas acciones. Si tienes habilidades o pasatiempos especiales, puedes incluso convertirlos en una forma de retribución a tu comunidad.

Aquí hay algunas sugerencias:

Hábitat para la Humanidad (*Habitat For Humanity*)

Esta organización enlista voluntarios para ayudar a construir casas para personas que viven en pobreza o que han perdido su hogar debido a desastres de la naturaleza. Ocasionalmente, ellos organizan proyectos de construcción durante las vacaciones escolares del otoño para incitar adolescentes a participar. Puedes obtener más información en www.habitat.org.

Tu biblioteca local

Muchas bibliotecas locales tienen programas para ayudar niños pequeños a leer o para proveer a las personas de edad mayor con alguien que les lea. Esta es una gran oportunidad para ser voluntarios varias horas a la semana después de la escuela. Llama o visita tu biblioteca local para averiguar si tienen programa como estos y lo que debes hacer para participar.

La Cruz Roja Júnior

Los programas para jóvenes y adolescentes de La Cruz Roja Americana buscan jóvenes voluntarios para una multitud de proyectos cada año. Podrías ayudar a organizar una donación de sangre en tu escuela secundaria o a ensenar a los niños más pequeños sobre la seguridad en el hogar. Puedes encontrar tu capitulo local en www.redcross.org.

Goodwill, The Caring Place o Salvation Army

Visita www.goodwill.org, www.caringplacetx.org, o www.salvationarmyusa.org para encontrar los centros de donaciones de tu localidad. Estas son algunas de las organizaciones de reventa más conocidas que puedes encontrar en tu comunidad. Ellos aceptan donaciones de ropa, artículos para el hogar, y hasta juguetes de niños los cuales venden al público. Estas tiendas ofrecen una opción de bajo costo para aquellas familias que no pueden pagar los precios del mercado; además también utilizan las ganancias que obtienen para ayudar directamente a los necesitados.

Equipos adolescentes de EarthWatch

Esta oportunidad para voluntariado es una donación combinada de tiempo y dinero. Earthwatch es una organización que acepta voluntarios como asistentes de investigación para científicos en el campo. Los voluntarios ayudan en proyectos y expediciones que trabajan para proteger el medio ambiente y la vida silvestre del mundo. Los equipos de adolescentes están formados por jóvenes de 15 a 18 años que realizan expediciones por todo el mundo para aprender sobre la naturaleza y cómo pueden ayudar a protegerla. Visita www.earthwatch. org/expedition/teenteam/ para obtener información sobre sus próximos viajes.

Existen literalmente miles de maneras que puedes donar tu tiempo, talento, y dinero para ayudar a quienes lo necesitan. Conéctate a la red y comienza una búsqueda de oportunidades en tu área. O sé creativo y descubre formas simples de ayudar a otros en tu comunidad. Tal vez puedes ofrecer tus habilidades para ayudar a enseñar a un niño más pequeño. También puedes visitar a una persona de edad mayor varias veces a la semana para ofrecerle compañía.

Las oportunidades son realmente infinitas, aunque no puedas donar dinero. Además de mostrar tu compasión por los necesitados, las aplicaciones de voluntariado te pueden ayudar a mejorar tus aplicaciones laborales y universitarias.

Preguntas y Ejercicios:

- **Investiga cada organización detallada en esta sección. ¿Alguna de ellas suena como algo con lo que quieras afiliarte?**

- **Considera preguntarles a tus maestros, lideres de tu iglesia o comunidad si pueden comenzar una colección para la organización de su preferencia. Tal vez puedas lanzar una venta de pasteles o lavado de autos para ayudar a recaudar dinero para la causa.**

- **¿Tienes algunos artículos que puedas donar a aquellos menos afortunados? Pregúntale a tu maestro (a) si puede lanzar una campaña de distribución comida para que la clase participe.**

Lección IV:
Ahorrando e Invirtiendo

"Para todo hay una temporada, un tiempo para cada propósito bajo los cielos."

Eclesiastés 3:1

Como aprendisteis en la lección 1, hay cuatro cosas que hacer con el dinero: Gastarlo, ahorrarlo, Invertirlo, o regalarlo. Tu ya sabes cómo gastar el dinero. Si quieres o necesitas algo, generalmente necesitas gastar dinero para obtenerlo. Puedes utilizar efectivo o una tarjeta de crédito. Para mucha gente la parte de gastar es fácil; pero también deberías desarrollar hábitos sabios, tan pronto comiences a recibir y ganar dinero.

El gasto también se puede traducir en "retribución." Como aprendimos anteriormente, tener un presupuesto te ayuda a saber cuándo puedes gastar, comparar precios y comprar productos caseros lo cual puede ahorrarte mucho dinero.

Un beneficio importante de comprar artículos hechos en tu país es que muchas veces son menos costosos que los importados. Cuando escoges comprar estos productos ayudas a proveer trabajo para los residentes. Estos trabajadores pagan impuestos los cuales financian programas que benefician nuestros ciudadanos y nuestro país en general.

Aunque gastar tu dinero puede ser lo más divertido que puedes hacer con él, hay otras opciones que son un poco más sabias. ¡Ahorrar e invertir tu dinero son la mejor forma de hacer que tu dinero dure-cuando acumulas más dinero, tendrás más dinero para donar!

Si logras manejar los conceptos de ahorro e inversión de dinero cuando eres joven, estarás mejor preparado para manejar tus finanzas como adulto. Te agradecerás a largo plazo si eliges una o una combinación de estas vías. En esta lección, nos enfocaremos en algunas de las razones para ahorra, formas de invertir y sus diferencias.

Ahorro

Dependiendo de tu edad, existen distintas formas para ahorrar tu dinero. Ya sea que obtienes tu dinero como mesada de tus padres, regalos de tu cumpleaños o cualquier otra ocasión especial, o de un trabajo; siempre es una buena idea guardar una parte para después. Cada vez que recibas dinero debes poner una cierta cantidad en tu cuenta de ahorros. La regla general es ahorrar el 10% de tus ingresos.

En realidad, no existe una edad mínima para abrir una cuenta de ahorros bancaria siempre y cuando tus padres o tutor legal sea uno de los firmantes de la cuenta. Puede ser que tus padres te abrieron una cuenta cuando naciste, y tal vez ya tengas dinero depositado como regalos de tu bautismo y otros eventos acontecidos cuando eras pequeño y que no recuerdas.

****

En Texas, cuando cumples 18 años podrás tomar posesión total de esta cuenta, con el permiso de tus padres o tutor legal. Cuando cumples 21 podrás tomar posesión total de la cuenta sin necesidad de obtener autorización de tus padres o tutor legal.

****

Si tienes menos de 18 años y tus padres aun no lo han hecho, puedes abrir una cuenta de ahorro conjunta con ellos. Esto te dará un lugar para colocar, más o menos, el 10% - un lugar seguro donde podrá crecer. El interés compuesto permitirá que tus ahorros crezcan aún mas ya que no solo recibirás intereses sobre el capital, sino también sobre los intereses obtenidos de ese monto a largo plazo.

Puede ser que amigos y familiares también te han dado bonos de ahorro. Estos son comprados a la mitad de su valor nominal y aumentan de valor a medida que pasa el tiempo. Podrás cobrarlos algún día a una cantidad significativamente mayor de su costo original.

Anteriormente hablamos sobre el presupuesto y el sistema de sobres. Deberías de incluir ahorros en ese presupuesto para asegurar el pago regular en la cuenta de ahorros.

****

También existen otras maneras de ahorrar sin utilizar un banco. Puedes utilizar una caja, un sobre, una lata, o cualquier otro recipiente que encuentres en tu casa. Este método te ayudará a visualizar el monto de dinero que ahorras cada mes. Te sugiero que comiences un método de ahorro manual, y después cuando madures y crezcas, deposites tu dinero en una institución.

****

Realmente no debes tocar tu cuenta de ahorros. No es para el uso cotidiano, solo es para emergencias o necesidades futuras. El ahorro es una manera de construir para tu futuro. ¡No lo toques al menos que sea realmente necesario! Gracias a la tecnología actual, puedes monitorear el saldo de tu cuenta en la red. Puedes hacer seguimiento de cuanto estas ahorrando e ir verde al no hacer que tu banco de envíe un estado de cuenta en papel todos los meses.

La mayoría de los trabajos requieren que tengas al menos 16 o 18 años para poder trabajar, pero existen varias opciones si eres menor. Considera tomar uno de los siguientes trabajos para ayudarte a ahorrar dinero:

- Cuidar niños por hora
- Cortar el pasto
- Cuidar mascotas
- Caminar perros
- Consejero (a) de Campamento – o consejero(a) en entrenamiento
- Dar lecciones a los niños más pequeños en un área que tienes experiencia (deporte, baile, instrumento musical, etc.)

Preguntas y Ejercicios

- ¿Qué tipo de trabajos puedes obtener a tu edad? Piensa en otros dos trabajos que no han sido mencionados en esta sección.
- ¿Qué porcentaje de tu dinero ahorras por mes? ¿Qué porcentaje de dinero te gustaría ahorrar por mes?
- ¿Cuántos años debes tener para poder tomar control completo de tu cuenta de ahorros?

Ahorrar Con Propósito

A veces, ahorrar por un motivo específico puede ayudar a que sea un poco más fácil ahorrar. Tener un objetivo establecido te dará la motivación que necesitas primero para guardar el dinero, y luego la capacidad de resistir la tentación de sacar el dinero antes de lo que deberías. Ahorrar con un propósito te ayudara a convertirte en un ahorrador diciplinado. Existen muchas razones para que ahorres dinero.

Cada vez más adolescentes se están haciendo responsables de al menos parte de su matrícula universitaria, especialmente en el clima financiero actual. Tal vez tus padres no pueden pagar para enviarte a tu instituto o quizás sienten que aprenderás una buena lección sobre responsabilidad si tienes que pagar tú mismo tus estudios en la universidad. Cuanto más puedas ahorrar antes de que llegue el momento de ir a la escuela, menos tendrás que pedir prestado en préstamos estudiantiles.

****

También puedes ahorrar eligiendo una escuela que no quiebre el banco. Es necesario que vayas al instituto más caro para obtener una buena educación. Una educación pública sigue siendo una educación universitaria. Actualmente, las compañías buscan por habilidades y preparación en lugar de un diploma de marca. Complementa que ya has ahorrado reduciendo el costo de tu matricula y, por lo tanto, tu deuda estudiantil.

Especialmente hoy en día, una educación universitaria no resulta automáticamente en un trabajo. Muchos estudiantes se están graduando con cientos de miles de dólares en deudas sin forma de pagarlos. Es importante hacer todo lo posible para tener la cantidad mínima que pagar después de graduarse.

****

Otra razón popular para que los adolescentes ahorren es comprar un carro. Puede realmente ser un fastidio tener que pedirles las llaves a tus padres todos los fines de semana, y no hay garantía de que te las entreguen. Ahorrar para un automóvil también pude ayudarte a aumentar tus posibles ganancias. Poder viajar un poco más lejos al trabajo puede abrirte nuevas oportunidades más lucrativas. Algunos trabajos requieren que tengas tu propio medio de transporte confiable antes de que consideren contratarte.

Estos días, tener la tecnología adecuada puede ser la mitad de la batalla. Si estas cansado(a) de tener que esperar que tu hermanito(a) termine de jugar su juego en la computadora de la familia, deberías considerar ahorrar para comprarte tu propia computadora. Tener tu propia computadora portátil te dará la libertad de iniciar sesión cuando sea conveniente para ti. Podrás hacer las cosas más rápido cuando tengas el control de cuando tienes el control de acceso de la computadora. Tener tu propia laptop también te será útil cuando sea hora de mudarte a la universidad. ¡Puedes llevarla contigo!

A veces solo ahorrar para el futuro generalmente puede ser toda la motivación que necesites. Cuando seas un poco mayor puedes apostar que habrá algo que necesites o quieras comprar. Tal vez pondrás la cuota inicial de una casa, comenzar tu propio negocio, o hasta adoptar una mascota. Todas estas cosas requieren una semilla, un poco de capital, y si tú ya lo tienes, estarás por delante del juego. Cuando sientas la tentación de tocar el dinero ahorrado para ir al cine o a cenar, piensa en qué podrías usar ese dinero más adelante.

Preguntas y Ejercicios

- Discute con tus padres si serás responsable de pagar la matrícula universitaria parte o en su totalidad.
- ¿Qué «artículos de alto precio» te gustaría ahorrar para comprarlos tú mismo?
- ¿Alguna vez has ahorrado dinero para hacer una gran compra por tu cuenta? ¿Cómo te sentiste al hacerlo? Si aun no has tenido esa experiencia, describe como crees que se sentiría ahorrar para comprar algo "grande" con tus propios fondos.

Invertir

Invertir es una manera genial de crecer tu dinero. Es un poco más arriesgado que simplemente poner dinero en una cuenta de ahorro, pero tiene el potencial de ayudarte a ganar mucho más. Cuando tu inviertes en algo estas básicamente prestando dinero a alguien con la esperanza de obtener ganancias. Si la entidad en la que inviertes tiene éxito, recibirás una parte del dinero que gana.

Existen muchas formas de invertir tu dinero. Puedes optar por apoyar a una nueva empresa prestándole a algo de dinero inicial para comenzar. Una vez que comienza a ganar dinero, tú también ganas dinero; así que es importante seleccionar sabiamente cuando inviertes en una empresa. Pregúntate qué tan probable es que la compañía tenga éxito.

Probablemente escuchas bastante acerca del mercado de valores, ya sea en las noticias o de tus padres. Cuando compras acciones, esencialmente te estás convirtiendo en un propietario(a) parcial de esa empresa o entidad en particular. Cualquier empresa que se negocie públicamente, lo que significa que no son propiedad de un grupo pequeño de expertos, puede ser comprada en pedazos por el público. Cuando la empresa obtiene ganancias, tú también ganas; pero cuando el valor baja, puedes terminar perdiendo dinero.

****

Tratar con el mercado de valores se conoce comúnmente como "negociación". Por lo general, pasarás por un corredor de bolsa - una persona que negocia en tu nombre cuando se trata de comprar y vender acciones. Hoy en día puedes encontrarte operando en la red a través de un corredor electrónico como "eTrade."

****

Otra forma común en que las personas invierten su dinero es a través de los Fondos de Inversión. En estos casos personas individuales juntan su dinero con el dinero de otros optando invertir en un número de acciones distintas. Existen miles de fondos y todos se ocupan de cosas diferentes. Algunos fondos se especializan invirtiendo en una Industria en particular, tal como la tecnología. Es importante escoger uno que tiene una buena perspectiva y una tasa de interés decente.

****

Los Fondos de Inversión tienden plantear un riesgo ligeramente menor que otras inversiones. Con tiempo, podrás ver tu dinero crecer considerablemente. Si pones $100.00 al año en un Fondo de Inversión que tiene el 12% de interés, ganaras $12.00 extra en el primer año. No parece mucho, ¿verdad? Pues, después de 10 años tendrás $23,004; después de 25, tendrás $187,885; y después de 40 años podrías tener $1,176,477. Mientras más esperas, más dinero puedes ganar.

****

Aunque los menores no están legalmente autorizados a negociar acciones ellos mismos, aún puedes obtener cierta experiencia real en el mercado de valores. Una forma de hacerlo es obteniendo la ayuda de tus padres para que hagan intercambios en tu nombre. Sin embargo, hay formas de aprender cómo funciona el mercado de valores sin tener que arriesgar dinero.

El juego del Mercado de Valores (*The Stock Market Game*) es un programa genial que ha estado ayudando a niños y adolescentes tener una idea real del mercado de valores durante décadas. Estudiantes pueden participar a través de su clase pidiéndole a su maestro(a) que registre su clase. Una vez registrados los estudiantes trabajan en grupos tomando decisiones acerca de qué comprar y cuando vender. Incluso hay una ceremonia de premiación cada año para los grupos más exitosos del país.

Invertir tu dinero puede tener recompensas maravillosas y beneficios para ti siempre que seas inteligente al respecto y tomes decisiones acertadas sobre donde pones tu dinero.

Aún si no estas listo para comenzar a invertir dinero real todavía, puede ser útil comenzar a aprender acerca del concepto lo más pronto posible. Trata de hablar con tus padres acerca de los conceptos fundamentales de invertir para obtener más información en cómo hacer crecer tu dinero. Ellos podrían obtener respuestas a través de su consejero financiero o hablar con el banco sobre opciones de inversión.

Preguntas y Ejercicios

- Define los siguientes términos en relación con las acciones y bonos: acciones, fondos de inversión, comercio, y riesgo.
- ¿Cuándo es una buena idea invertir en un fondo de inversión?
- Intenta jugar el juego del Mercado de Valores (The Stock Market Game) por 10 minutos diariamente. Después de un mes responde las siguientes preguntas:
  - ¿Cuáles acciones ganaron más? ¿Cuánto ganaron o cuanto perdieron?
  - ¿Cuáles acciones ganaron menos? ¿Cuánto ganaron o cuanto perdieron?
  - ¿Compraste o vendiste alguna acción adicional? ¿Si lo hiciste, ¿cuáles?

Ahorrar versus Invertir

Puede que ahorrar e invertir parezca la misma cosa, pero son un poco distintas. Invertir implica mucho más riesgo, pero si tu inversión va bien, puedes ganar mucho más a largo plazo. Poner tu dinero en una cuenta de ahorro bancaria es más seguro, pero no tiene mucho potencial para obtener una gran ganancia. Cuando inviertes dinero, estas depositando cierta cantidad de tus fondos para ayudar en el financiamiento de un negocio, proyecto, o cualquier otra empresa.

****

Digamos que tienes un amigo(a) que quiere comenzar un pequeño negocio, pero necesita dinero para empezar. Puedes invertir tu dinero con tu amigo(a) y después si la compañía tiene ganancias tendrás derecho una parte acordada de esa ganancia.

La desventaja es que, si falla, puedes perder tu inversión completa. Invertir puede ser más que todo, una situación de "veamos que sucede" y no es necesariamente la mejor opción cuando estas tratando de obtener una cantidad especifica de dinero en un momento determinado. Además, tu capacidad de sacar tu dinero de la inversión también puede ser restringida.

****

Si tienes un plan para lo que quieres o necesitas comprar con tu dinero, ahorrar puede ser la mejor opción para ti. Puedes colocar tu dinero en una cuenta de ahorro bancaria poco a poco hasta que tienes la cantidad que necesitas. Ganaras algo de interés por el dinero que pusiste en la cuenta, pero en el mercado actual, la ganancia no será mucha.

La ventaja de ahorrar es que siempre podrás sacar lo que pusiste en cualquier momento virtualmente. Puede haber pequeñas restricciones o tasas, pero en realidad tú puedes retirar tu dinero de la cuenta de ahorro tan pronto como lo desees. Además, la FDIC (*Federal Deposit Insurance Corporation*), una agencia del gobierno federal, en este momento, garantiza depósitos de ahorro bancario de hasta $ 250,000.

Nunca es demasiado temprano para comenzar a ahorrar o a invertir tu dinero – o por lo menos aprender acerca del proceso. Habla con tus padres y otros familiares acerca del ahorro e inversión y averigua cual piensan que sería la mejor opción para ti. Puede ser que tengan su propio consejero financiero que tal vez pueda hablar contigo acerca de algunas opciones. Ahorrar tu dinero puede ser una experiencia muy gratificante y te ayudara a practicar autodisciplina. Lo que hubiera podido ser unas porciones de pizza cada semana, pueden ser un nuevo reproductor de MP3, o incluso algo mas grande como un automóvil si solo esperas y no gastas tu *dinero tan pronto como lo recibes.*

Preguntas y Ejercicios

- **¿Tienes una cuenta de ahorro bancaria? ¿Tienes un plan para el dinero en ella, o simplemente se reserva para un mal día?**
- **¿Cuál es la diferencia entre ahorrar o invertir? Describe una situación donde seria mas sabio poner el dinero en una cuenta de ahorro en lugar de invertir, Describe otra situación en donde invertir es la mejor opción.**
- **¿Qué es el FDIC?**

Lección V:

Crédito y Deuda

Crédito y Tarjetas de Crédito

Al final de cada siete años debes cancelar las deudas. Así es como se debe hacer: Cada acreedor cancelará el préstamo que ha otorgado a su compañero israelita. No requerirá el pago de su compañero israelita o hermano, porque el tiempo del Señor para cancelar las deudas ha sido proclamado.

Deuteronomio 15: 1-2

****

Dato curioso: la Oficina de Crédito también elimina la deuda de tus registros después de 7 años.

****

Probablemente a tu edad no has adquirido mucha experiencia con tarjetas de crédito. En la mayoría de los casos, debes tener 18 años antes de que cualquier empresa considere siquiera ofrecerte una. Sin embargo, es importante aprender algunas cosas sobre las tarjetas de crédito y el crédito en general, sin importar la edad que tengas.

El crédito es algo que los prestamistas considerarán cuando solicites un préstamo-ya sea para un coche, una casa, o cualquier otro gasto que tengas. Si vas a alquilar un apartamento o una casa, el gerente de la propiedad también puede revisar tu crédito.

Hay tres oficinas de crédito que reportan el crédito de las personas. Estas analizan tu historial crediticio: cuánto has gastado en tarjetas de crédito en el pasado, tus saldos actuales, si alguna vez has omitido pagos o si has abusado de tu crédito.

Cada persona tiene un puntaje de crédito, un número entre 350 y 800, basado en su historial. Mientras más alto es tu puntaje de crédito mejor será tu calificación. Este sistema de calificación determina si alguien es un buen riesgo de inversión o no, cuando se trata de pedir dinero prestado. Si alguien te otorga un préstamo, ellos quieren asegurarse de que puedas devolverlo. La tasa de interés que te cobran por pedir prestado el dinero se basa en tu puntaje de crédito. Si eres un cliente potencial de menor riesgo, el interés que te cobrarán frecuentemente será menor.

****

Algunas personas pueden decirte que pedir prestado dinero es una mala idea, pero de cierta manera, el no pedir prestado también puede lastimarte. Siempre y cuando gastes el dinero prestado sabiamente y pagues tus facturas a tiempo, usar una tarjeta de crédito te ayudará a obtener un buen puntaje de crédito. En algunos casos, no tener crédito puede ser casi tan malo como tener mal crédito.

****

Tienes que empezar en algún lado. Cuando solicites tu primer trabajo, puedes considerar solicitar una tarjeta de crédito al mismo tiempo. Si no tiene un historial de préstamos, los prestamistas pueden consultar tu currículum para ver si es estable. Puedes incluir tu trabajo de cuidado de niños, puestos de voluntariado, etc.

Comienza con un límite pequeño para que no tengas la opción de acumular una factura exorbitante.

Si abres una cuenta corriente (cuenta de cheques), probablemente te darán una tarjeta de débito. Si utilizas esa tarjeta, estarás utilizando solamente dinero que ya tienes en tu cuenta, no dinero de una compañía de tarjeta de crédito. La tarjeta de débito producirá un recuento contable de como manejas el dinero.

Algunos institutos financieros o bancos permiten que saques más dinero de lo que tienes en tu cuenta, pero puede ser que te carguen una cuota por pedir prestado dinero que no tienes. Es importante realizar un seguimiento de cuánto dinero tienes para no gastar de más. Es esencialmente fácil hacer un seguimiento en estos días con el banco en la red y las aplicaciones móviles.

Aparte de los préstamos estudiantiles, que son algo que los estudiantes pueden usar para ayudarse a pagar la universidad y que deben comenzar a pagar después de graduarse, los estudiantes en realidad no deberían tener muchas deudas. Debes estar al tanto de cuánto está entrando y cuánto está saliendo, y pagar tus facturas antes de su vencimiento. Eso es lo que mantendrá tu puntaje en entre 700 y 800.

Existen tres oficinas de crédito, y tienes derecho a recibir información gratuita de cada una de ellas, una vez al año. Puedes recibir un reporte gratis para que puedas averiguar tu calificación y, si tu calificación es baja, indagar por qué es baja para poder corregir el problema en el futuro; o si alguna información en el reporte no es correcta, consultar para ver cómo puedes corregirla.

Estas son las tres agencias de informes de puntaje crediticio:

TransUnion: 1-800-916-8800 (www.transunion.com) o alerta de fraude 1-800-680-7289.

Equifax: 1-800-685-1111 (www.equifax.com) o alerta de fraude 1-888-766-0008.

Experian: 1-888-397-3742 (www.experian.com)

Cada oficina puede tener información ligeramente diferente en su archivo. Una de ellas puede tener un error, mientras que la otra no. Es bueno examinar cada una de ellas para que puedas estar al tanto de lo que verán los acreedores si verifican tu crédito.

****

Es muy importante tener cuidado con las tarjetas de crédito y el dinero prestado. Jonathan recibió una tarjeta de crédito cuando comenzó a conducir. Sus padres querían que la tuviera en caso de emergencias (pinchazo, avería, quedarse sin gasolina, etc.) Estaba en el centro comercial un día y vio un par de zapatos para correr realmente geniales que había estado esperando por un tiempo.

Estaban en descuento de $ 250 a $ 200. Realmente quería saltar a esa oferta, pero no tenía el efectivo. Sabía que tendría el dinero en unas dos semanas cuando su vecino le pagara por cuidar su casa mientras estaba de vacaciones. Sin embargo, el descuento vencía el día siguiente.

John Pensó: "Puedo ponerlo en la tarjeta de crédito y pagarlo una vez que obtenga el dinero". Así que compró los zapatos pagando con la tarjeta.

La semana siguiente, su vecino se enfermó y tuvo que cancelar su viaje. Jonathan no iba a ganar ese dinero después de todo. Así que ahora estaba en el hoyo por $ 200 que sus padres no iban a cubrir por él.

Eventualmente pudo ganar dinero haciendo trabajos ocasionales en el vecindario, pero mientras tanto acumulaba intereses de más de $ 50. Así que los zapatos terminaron costándole más de lo que tendrían a precio completo.

No es una buena idea comprar algo que no es esencial a través de una tarjeta de crédito, cuando aún no tienes el dinero. Siempre pueden suceder cosas inesperadas que pueden impedirte obtener el dinero para pagar el cargo en la tarjeta.

****

Preguntas y Ejercicios:

- ¿Alguna vez es una buena idea abrir una tarjeta de crédito? ¿Por qué o por qué no?
- ¿Alguna vez es una buena idea cerrar una tarjeta de crédito? ¿Por qué o por qué no?
- ¿Crees que es más sabio llevar efectivo, una tarjeta de crédito, o una tarjeta de débito? ¿Por qué?

El robo de identidad

Puede parecer extraño, pero en realidad es posible que alguien pretenda ser uno sin siquiera usar un disfraz. Se conoce como robo de identidad y puede causar muchos problemas a largo plazo para una persona que es víctima de ello. Comienza cuando alguien obtiene la información de tu tarjeta de crédito, información bancaria o incluso tu número de seguro social.

Parece que hoy en día estamos haciendo cada vez más fácil para los delincuentes robar nuestra información personal para usarla como propia. Es importante tener cuidado al comprar en línea y asegurarse de que solo estás dando tu información a sitios web legítimos y seguros.

Cuando compres en línea, asegúrate que la URL comience con https: // no solo http: //. Esto significa que la página web es segura y puedes ingresar tu información con la confianza de que no será utilizada indebidamente.

Los ladrones de identidad utilizarán tu información para realizar compras o abrir nuevas tarjetas de crédito. Ya que saben que ellos no sufrirán las consecuencias ciertamente no se van a preocupar en devolver ese dinero. Esto afectará tu crédito y puede evitar que te aprueben otro crédito más adelante. Aun cuando se ha probado el robo de identidad, todavía tomará un tiempo antes de que los bancos puedan recuperar tu dinero o cancelar tu deuda.

Afortunadamente muchos bancos toman precauciones para protegerte del robo de identidad. Es un servicio que te ofrecen como titular de una cuenta. A veces pueden parecer una molestia, pero a la larga pueden salvarte de un dolor de cabeza mucho mayor.

Peggy estaba de vacaciones con sus padres no hace mucho tiempo. Sus padres tenían una tarjeta Visa y la estaban usando en Italia. Después de cargar varias compras en algunas tiendas, trataron de utilizarla para pagar la cena, pero le fue negada. Visa había retenido la tarjeta de crédito. Entonces los padres de Peggy llamaron a la compañía de tarjetas de crédito y le dijeron que hubo mucha actividad en la tarjeta, en un país extranjero, y que la compañía temía uso ilegitimo. Al principio estaban enojados y avergonzados, pero finalmente se dieron cuenta de que el banco solo los estaba protegiendo.

****

Las compañías de tarjetas de crédito y los bancos aconsejan que los llames cuando te vas de viaje para que ellos puedan anticipar cargos desde otra ciudad, estado o país en el que no realizas compras normalmente.

Si crees que has sido víctima de robo de identidad, debes llamar a 1-877-ID-THEFT (438-7338) o visitar www.ftc.gov/idtheft lo antes posible.

Si alguien obtiene tu tarjeta de crédito o débito, puedes llamar a la compañía de la tarjeta de crédito para suspender la cuenta. También existen un par de agencias a las que puedes llamar para investigar lo que está sucediendo.

Sin embargo, lo mejor que puedes hacer es protegerte para que sea menos probable que te conviertas en una víctima. No cargues contigo tu tarjeta de seguro social. Guárdala en un lugar seguro. No escribas tu PIN de cajero automático en sitios que otros puedan encontrar fácilmente. Si necesitas ayuda para recordarlo, escríbelo en un lugar seguro. Además, asegúrate de que nadie te esté vigilando cuando realices una transacción en un cajero automático, completes un formulario que requiera tu información personal o realices una compra en la red.

El robo de identidad es un delito muy grave y puede dejar a la víctima sintiéndose impotente. Es importante aprender formas de protegerse para no tener que lidiar con el horror de que te roben tu información personal y dinero.

Preguntas y Ejercicios

- ¿Qué es robo de identidad? ¿Cómo sucede?
- ¿Conoces a alguien a quien le hayan robado su identidad? Si es así, ¿qué hicieron?
- ¿Qué es lo primero que debes hacer después de darte cuenta de que tu identidad ha sido robada?

La Encuesta

Conceptos básicos de finanzas personales (encuesta)
Para
Estudiantes de escuela media y secundaria

Hola estudiante,

Estoy escribiendo un libro sobre "finanzas personales para estudiantes de escuela media y secundaria" y agradecería tus comentarios sobre las siguientes preguntas:

1. Eres un estudiante de: ( ) Primer año, : ( ) Segundo año, : ( ) Junior (tercer año), ( )Senior (cuarto año), ()escuela media?

2. ¿Tienes una cuenta bancaria?_____De cheques_____Ahorro_____Otra. ¿Ahorras regularmente?_____Si_____No. ¿Tienes una tarjeta de_¿Debito,___ crédito?

3. ¿Sientes que las habilidades de «administración del dinero» debería enseñarse en la escuela media y / o secundaria?_____Si_____No; Si respondes si, ¿Por qué? _____
_____
_____

4. ¿Alguna vez has_____pedido prestado de alguien o_____prestado dinero a alguien? Si lo has hecho; ¿cuánto_____¿Menos $50? más de $50,____$100+._____¿Pagaste o_

cobraste interés?

5. ¿Has tomado alguna vez una clase o taller acerca de dinero o finanzas personal?____Si____
No. Si lo hiciste; ¿Cuándo/Donde fue la clase?
_____

6. ¿Piensas ir a la universidad? Si No. Si piensas ir; ¿cuánto piensas contribuir con tu educación/gastos? No sé Nada.

7. ¿Quién/Que te influyó más en asuntos de dinero? Padres Abuelos Maestro
____ Pariente____Amigo(a)____Libro ____

8. ¿Qué te gustaría saber más sobre las finanzas personales? _____
_____

9. ¿Tu escuela ofrece una clase de finanzas personales /administración del dinero?____Si
____No.

10. ¿Eres dueño o manejas un automóvil?
____Sí____No; Si es así, ¿tienes una nota de coche?____Sí____No. ¿Quién paga por el mantenimiento del automóvil? _____

11. ¿Qué tan probable es que te interese leer un libro dirigido a adolescentes de secundaria, que enseñe y ayude a entender los fundamentos del dinero?____Muy probable____Poco probable____No es probable?

12. Proporciona una "cita" * sobre por qué crees que es importante que aprendas los principios básicos sobre cuestiones de dinero mientras estás en la escuela secundaria / preparatoria. ____

_____

_____

_____

Nombre del estudiante: _____

Escuela: _____

Gracias por tomarse el tiempo para completar esta encuesta.

Marjorie Anderson, Autor

• Tu cita puede ser incluida en el libro.

Resultados de la Encuesta

Pregunta	Respuesta
Tiene una cuenta de depósito	Cheques = 35; Ahorro = 46 Total = 81
Cree que es importante enseñar habilidades de administración de dinero en la escuela intermedia y secundaria	Si = 50
Has pedido un préstamo o prestado dinero	PP = 41; P = 33 Total = 74
Tomado una clase en el tema	No = 72; Si = 05
La escuela ofrece una clase sobre el tema.	Si = 17
Planeando asistir a la universidad	Si = 88
Influenciado más en el tema por	(Padres/Abuelos) Si = 95
Posee / conduce un automóvil	15 nota del coche = 0; mantenimiento: padres = 15, compartido = 8
Interesado en un libro / aprender más sobre el tema	Muy Probable = 15; Poco Probable = 57; No es Probable = 23

Le gustaría saber más sobre estas áreas.

- Presupuesto
- Como ahorra dinero y
  no gastarlo todo
- Pros / contras de
  una cuenta de
  crédito frente a una
  cuenta de débito
- La mejor manera de
  no ir a la quiebra
- Sugerencias sobre
  ahorros / pago de
  facturas
- Como administrar el
  dinero de manera
  efectiva
- Como ganar dinero y
  ahorrar más fácil-
  mente

Resumen de Encuesta

El 50% de los estudiantes encuestados creen que es importante aprender sobre las habilidades de administración del dinero mientras están en la escuela intermedia y secundaria; pero si las escuelas no están enseñando o alentando a los adolescentes a tomar la clase, ¿cómo obtendrán estas habilidades tan importantes para la vida cotidiana?

El 81% de los estudiantes dijeron que tenían una cuenta corriente o de ahorro. Por lo tanto, existe una necesidad evidente de aprender como escoger un banco; lo que deben buscar en términos de comparación de tasas, tarifas, restricciones y monitoreo, y balance de sus cuentas. Solo el 5% de los estudiantes ha participado en una charla o seminario, o ha tomado una clase sobre administración de dinero. Por lo tanto, los adolescentes no están expuestos y no se les enseña los principios básicos de la administración del dinero; De ahí la necesidad de este libro.

El 17% de los estudiantes dijo que su escuela ofrece alguna variación de una clase de negocios, finanzas o presupuesto; sin embargo, solo el 3% de los estudiantes han tomado la clase. Las escuelas no o-frecen, animan, o no requieren que los estudiantes tomen una clase sobre este tema tan importante.

El 88% de los estudiantes encuestados dijeron que los padres / abuelos son los que los habían influenciado más sobre el tema. Al mismo tiempo, muchos padres y abuelos han expresado la necesidad de un libro sobre administración del dinero para sus adolescentes.

El 95% de los estudiantes encuestados piensa asistir a la universidad en el futuro. Esta es una razón más por la que los estudiantes necesitan aprender a administrar su dinero antes de ir a la universidad.

El 72% de los estudiantes está: muy interesado (15%) o un poco interesado (57%) en aprender más sobre el tema de la administración del dinero; la razón y el propósito de este libro.

Lecciones para Adolescentes

Si no obtienes nada más de este libro, espero que te quede las siguientes lecciones...

- Desarrolla un presupuesto de gasto.

- No gastes cada dólar que recibas.

- Ahorra por lo menos el 10% de todo ingreso que recibes en forma de mesada, trabajos a medio tiempo, herencias, regalos, etc.

- Ahorra consistentemente. El ahorrar debe convertirse en un hábito.

- Haz que tus padres te abran una cuenta corriente o de ahorros.

- Busca bancos y cooperativas de crédito que dan las mejores ofertas en cuentas corrientes y de ahorro. Intenta suscribirte a cuentas sin requisitos de saldo mínimo y sin cargos adicionales. También investiga y compara los precios de los artículos que compras.

- Si tu escuela ofrece una clase sobre presupuestos, finanzas o administración de dinero, ¡toma la clase! *Austin Community College* acepta cursos de negocios de la escuela secundaria y permite créditos para ellos. También se ofrecen algunas clases en tu biblioteca pública local, centro de recreación u otras agencias locales sin fines de lucro.

- Si adquieres una tarjeta de crédito, ¡obtén solo una y úsala para emergencias! ¡Usa tu tarjeta de débito bancaria para compras diarias!

- Mantén un registro de los retiros y compras en cajeros automáticos de tu cuenta de tarjeta de débito o cuenta corriente, para que no olvides los gastos que hiciste y gastes solo lo que no tienes. A veces, el banco comete errores, por lo que también te corresponde a ti realizar un seguimiento de tus propias finanzas con recibos, y escribir tus propios registros en la libreta de Registro de la chequera.

- Siempre restitúyele algo a la comunidad a través de tu iglesia u organización de caridad favorita (dinero, tiempo, talentos, dones, habilidades); una directriz sería el 2-5% de los ingresos monetarios (esto depende completamente de ti).

- Cuando busques una universidad de pregrado, visita las universidades municipales locales de dos años y las instituciones estatales. Pregunta qué porcentaje de estudiantes termina el programa y qué porcentaje obtiene trabajos inmediatamente después de la graduación. Estas instituciones generalmente ofrecen una buena educación por el dinero, son menos costosas que las universidades de renombre, y siempre puedes solicitar el ingreso a una institución de renombre para tu posgrado u otros títulos avanzados. (Los empleadores generalmente buscan contratar personas con conocimiento, disciplina, habilidades y experiencia; eso significa que no necesariamente te contratarán únicamente en función de la institución de la que te graduaste.)

- Si aún no lo has hecho, asegúrate de que tú y tus padres obtengan una copia de este libro. Discute las lecciones de este libro con tus amigos y familiares.

- Compra productos hechos en tu país siempre que sea posible. Muchos de estos productos cotidianos, hechos en casa, son sorprendentemente menos costosos y funcionan tan bien como los productos hechos en el extranjero. Cuando compras productos caseros, estás ayudando a emplear a los trabajadores de tu país.

- ¡Comienza a aplicar los principios de estas lecciones AHORA!

Glosario de Términos Financieros

Activos: Todo el dinero y la propiedad de una persona o empresa.

ATM (Cajero Automático): Una máquina computarizada que permite a los clientes bancarios completar transacciones financieras electrónicamente, sin asistencia de cajero.

Baby Boomers: Es un apodo para aquellas personas que nacieron entre 1940 y 1959, cuando el número de bebes nacidos en los Estados Unidos de Norte América se disparó.

Bancarrota (Quiebra): Uno puede declarar esto cuando están completamente en quiebra y no les queda dinero ni siquiera para pagar sus deudas.

Presupuesto: Un plan que describe los ingresos y gastos regulares de una persona o empresa. Ayuda a prevenir el gasto excesivo o la deuda.

Flujo de caja: El flujo de dinero que entra y sale regularmente.

Cuenta de cheques (cuenta corriente): Una cuenta bancaria que le permite al propietario retirar dinero que puede usarse para los gastos diarios, ya sea escribiendo un cheque o yendo a un cajero dentro del banco o un cajero automático.

Interés compuesto: El interés acumulado sobre el depósito principal, préstamo o deuda agregado al interés ganado con el tiempo del monto original invertido, prestado o gastado.

Cofirmante: Un firmante conjunto en un documento legal como un préstamo. Cuando un prestatario no es elegible para el préstamo por sí solo, él o ella puede usar un codeudor.

Crédito: El privilegio para realizar compras con la promesa de pagar más tarde.

Oficina de crédito: Una organización que informa sobre el historial crediticio de una persona o empresa.

Tarjeta de crédito: Una tarjeta de plástico incrustada con información digitalizada, que le da derecho al titular a realizar compras con dinero prestado.

Ley de tarjetas de crédito de 2009: Una ley federal establecida para ayudar a proteger a los titulares de tarjetas de crédito de pedir dinero prestado que no tienen forma de pagar.

Informe de crédito: Un informe o reporte que describe el historial financiero y los hábitos de préstamo de una persona.

Deuda: Una cantidad de dinero que ha sido prestada y

que se le debe a la otra parte (prestamista).

Tarjeta de débito: Una tarjeta emitida por un banco, que le permite al titular de una cuenta corriente realizar compras a través de la extracción de dinero directamente de su cuenta corriente.

FDIC (Corporación Federal de Seguro de Depósitos): Una institución federal que asegura depósitos bancarios de hasta $ 250,000.

Puntaje FICO: El puntaje o calificación de crédito más utilizado sobre la probabilidad de una persona de devolver el dinero prestado.

Fiduciario: Una persona a quien se le da la responsabilidad de salvaguardar la propiedad de otra persona.

Finanzas: Los recursos monetarios de una persona o sistema de gestión monetario.

Cargo financiero: Un monto mensual cargado en el saldo de una tarjeta de crédito (o préstamo). Por lo general, un porcentaje especifico de la cantidad actual adeudada.

Generación X: Las personas nacidas después del final de la Era del Baby Boom (1960-1970) que ocurrió en los Estados Unidos después de la Segunda Guerra Mundial.

Generación Y: Personas nacidas durante las décadas de 1980 y 1990.

Go Green (ir verde): Actos respetuosos del ambiente natural.

Robo de identidad: Un delito muy grave en el que la información de una persona (número de seguro social, nombre, información de tarjeta de crédito) es robada y utilizada para beneficiar al ladrón.

Impuesto sobre la renta: Una cantidad de dinero que una persona debe pagar al Servicio de Impuestos Internos (IRS) sobre los dineros que ha ganado.

Retención del impuesto sobre la renta: Cuando se retiene una cantidad de dinero del cheque de pago de una persona para cubrir su impuesto sobre la renta.

Inflación: Un aumento anormal en la moneda y el crédito disponibles más allá de la proporción de bienes disponibles, lo que resulta en un aumento brusco y continuo en los niveles de precios.

Interés: una cantidad cobrada por dinero prestado

Invertir: El acto de poner dinero en un negocio o entidad con la esperanza de ganar más dinero de futuras ganancias.

Pasivos: Cosas de las que una persona es responsable, es decir, una obligación financiera.

Préstamo: Cuando una persona pide prestado dinero con la promesa de devolverlo más tarde.

Hipoteca: Un préstamo obtenido con el propósito de comprar una casa.

Patrimonio neto: Es el patrimonio total de una persona en función de los saldos de sus cuentas bancarias, propiedades y otros activos que posee, menos los pasivos de esa persona.

Estado financiero personal: Un documento que muestra la situación financiera actual de una persona: sus activos, incluidos los saldos totales de las cuentas bancarias y las deudas.

Beneficio (Ganancia): Dinero realizado en un proyecto financiero menos los gastos.

Ahorro: Guardar dinero para uso futuro.

Seguridad: Un documento que muestra la prueba de una inversión realizada. Además, colateral para una deuda.

Retención del Seguro Social: Una cantidad de dinero tomada del cheque de pago de una persona para financiar los programas para personas jubiladas.

Mercado de valores (Bolsa de valores): Una red para que las personas intercambien acciones de propiedades y productos o sociedades(copropiedades) y compañías anónimas.

Crédito emitido en la tienda: Una tarjeta o cuenta de

crédito otorgado por un minorista específico para su uso en su tienda; los importes cobrados para ser devueltos en un momento posterior.

Impuestos: Cantidades de dinero pagadas al gobierno federal o local para fines específicos.

Ley de Veracidad en los Préstamos: Una ley de los Estados Unidos diseñada para proteger a los prestatarios asegurándose de que estén bien informados sobre el préstamo que están tomando y sus términos.

Retiro: Sacar dinero de una cuenta bancaria o financiera para usarlo en gastos diarios.

Recursos / Bibliografía

The Caring Place: www.caringplacetx.org

Personal Finance for Teens: www.challenge4teens.com

EarthWatch Institute: www.earthwatch.org

Equifax: www.equifax.com

Experian: www.experian.com

Federal Deposit Insurance Corporation: www.fdic.gov

Federal Trade Commission, Identity Theft: www.ftc.gov/idtheft

Goodwill Industries International: www.goodwill.org

Habitat for Humanity: www.habitat.org

American Red Cross: www.redcross.org

The Salvation Army: www.salvationarmyusa.org

The Stock Market Game: www.smgww.org

TransUnion: www.transunion.com

Notas